52 Repas de Petit Déjeuner pour Bodybuilder Riches en Protéines:

Augmenter la masse musculaire rapidement, sans pilules, suppléments protéiques, ou barres de protéines

Par

Joseph Correa

Nutrioniste Certifié des Sportifs

DROITS D'AUTEUR

© 2015 Correa Media Group

Tous droits réservés

La reproduction ou la traduction de toute partie de ce travail au-delà de ce qui est permis par l'article 107 ou 108 de la Loi de 1976 sur les droits d'auteur aux États-Unis 1976, sans l'autorisation préalable du propriétaire des droits d'auteur, est illégale.

Cette publication est conçue pour fournir des informations exactes et faisant autorité en ce qui concerne le sujet traité. Cette publication est vendue avec la condition implicite que ni l'auteur ni l'éditeur n'ont la capacité de prodiguer des conseils médicaux. Si des conseils ou une assistance médicale se déclarent nécessaires, vous êtes priés de consulter un médecin. Ce livre est considéré comme un guide et ne doit être utilisé en aucune façon nuisible à votre santé. Consultez un médecin avant de commencer ce plan nutritionnel pour vous assurer qu'il vous sera bénéfique.

REMERCIEMENTS

La réalisation et le succès de ce livre n'auraient pu être possibles sans le soutien et l'aide précieuse de ma famille.

52 Repas de Petit Déjeuner pour Bodybuilder Riches en Protéines:

Augmenter la masse musculaire rapidement, sans pilules, suppléments protéiques, ou barres de protéines

Par

Joseph Correa

Nutrioniste Certifié des Sportifs

SOMMAIRE

Droits d'auteur

Remerciements

A propos de l'auteur

Introduction

52 Repas de Petit Déjeuner pour Bodybuilder Riches en Protéines

D'autres grands titres de cet auteur

A PROPOS DE L'AUTEUR

En tant que nutritionniste certifié des sportifs et athlète professionnel, je crois fermement qu'une bonne nutrition vous aidera à atteindre vos objectifs plus rapidement et plus efficacement. Mes connaissances et mon expérience m'ont permis de vivre en meilleure santé tout au long des années et je l'ai partagé avec ma famille et mes amis. Plus vous en savez à propos de boire et vous nourrir plus sainement, et le plus tôt vous aurez envie de changer votre vie et vos habitudes alimentaires.

Réussir à contrôler votre poids est très important, car cela vous permettra d'améliorer tous les aspects de votre vie.

La nutrition est un élément clé dans le processus de se mettre en meilleure forme et c'est là tout le sujet de ce livre.

INTRODUCTION

52 Repas de Petit Déjeuner pour Bodybuilder Riches en Protéines

Ce livre vous aidera à augmenter la quantité de protéines que vous consommez par jour, pour vous aider à augmenter vos muscles. Ces repas vous aideront à augmenter votre masse musculaire de manière organisée en ajoutant de bonnes quantités saines de protéines à votre alimentation. Être trop occupé pour bien se nourrir peut parfois devenir un problème et voilà pourquoi ce livre vous fera économiser du temps et vous aidera à nourrir votre corps pour atteindre les objectifs que vous voulez. Assurez-vous que vous savez ce que vous consommez en préparant vous-même vos repas ou en ayant quelqu'un qui les prépare pour vous.

Ce livre vous aidera à:

-Gagner du muscle rapidement et naturellement.

-Améliorer la récupération musculaire.

-Avoir plus d'énergie.

-Accélérer naturellement votre métabolisme pour construire plus de muscle.

-Améliorer votre système digestif.

Joseph Correa est un nutritionniste du sport certifié et un athlète professionnel.

52 REPAS DE PETIT DEJEUNER POUR BODYBUILDER RICHES EN PROTEINES

1. Oeufs a l'Avocat

Ingrédients:

3 avocats murs moyens, coupes en deux

6 Oeufs

3 cuillères d'huile d'olive

2 cuillères à café de romarin séché

sel et poivre selon le gout

Préparation:

Prechauffer le four a 350 degres. Couper l'avocat en deux et enlever la chair du centre. Placez un oeuf dans chaque moitie d'avocat et parsemez de romarin, sel et poivre. Graissez le plateau avec de l'huile d'olive et placer les moities d'avocat. Utilisez un petit plateau pour que les avocats tiennent bien. Mettre au four pendant 15-20 minutes.

Valeurs Nutritionnelles pour 100g:

Carbohydrates 4.8g

Sucre 3.1g

Protéines 29 g

Lipides Total 11.7g

Sodium 127 mg

Potassium 239mg

Calcium 2.9mg

Fer 2.16mg

Vitamines (Vitamine A; B-6; B-12; C; D; D2; D3; K; Riboflavin; Niacin; Thiamin; K)

Calories 213

2. Smoothie au Quinoa

Ingrédients:

1 tasse de quinoa, cuit

1 banane

½ tasse de fraises

1 tasse de yaourt faible en gras

1 tasse de lait écrémé

1 cuillère à café of batons de vanille moulus

1 cuillère à café de miel

Préparation:

Mélanger les ingrédients dans un mélangeur et mélanger pendant quelques minutes, jusqu'à obtenir un mélange lisse. Laisser refroidir au réfrigérateur pendant un certain temps.

Valeurs nutritionnelles par tasse:

Carbohydrates 6.2g

Sucre 5.4g

Protéines 29.7 g

Lipides Total 12.2g

Sodium 123 mg

Potassium 224mg

Calcium 4.9mg

Fer 2.18mg

Vitamines (Vitamine A; B-6; B-12; C; D; D2; D3; K; Riboflavin; Niacin; Thiamin; K)

Calories 84

3. Beurre de cacahuète et Flocons d'Avoine

Ingrédients:

1 tasse de Flocons d'Avoine, cuits

1 tasse de lait d'amandes sans sucre

2 cuillères de beurre de cacahuète organique

1 cuillère de sirop de fraises

1 cuillère à café of cannelle

Préparation:

Placez les ingrédients dans un bol et bien mélanger jusqu'à ce que vous obtenez un joli mélange lisse. Si nécessaire, ajouter un peu d'eau. Verser ce mélange dans un grand verre et laisser au réfrigérateur durant la nuit.

Valeurs Nutritionnelles pour 100g:

Carbohydrates 7.6g

Sucre 5.9g

Protéines 26 g

Lipides Total 11.1g

Sodium 124.5 mg

Potassium 201mg

Calcium 2.4mg

Fer 2mg

Vitamines (Vitamine A; B-6; B-12; C; D; D2; D3; K; Riboflavin; Niacin; Thiamin; K)

Calories 117

4. Sandwich a l'Oeuf et au Fromage

Ingrédients:

4 Oeufs

1 tasse de Fromage blanc de campagne

1 cuillère à café de persil sec

8 tranches fines de pain de grains entiers

Sel selon le goût

Préparation:

Faire bouillir le Œufs pendant 10 minutes. Laisser refroidir et les peler. Coupez-les en fines tranches - environ 5-6 tranches pour chaque Oeuf. Mettre une couche de fromage blanc de campagne de faible teneur en gras sur le dessus du pain et finissez par l'oeuf sur le dessus.

Valeurs Nutritionnelles pour 100g:

Carbohydrates 9.7g

Sucre 7.1g

Protéines 24g

Lipides Total 9g

Sodium 117mg

Potassium 115mg

Calcium 2.6mg

Fer 2.34mg

Vitamines (Vitamine A; B-6; B-12; C; D; D2; D3; K; Riboflavin; Niacin; Thiamin; K)

Calories 209

5. Fromage blanc de campagne avec des baies

Ingrédients:

1 tasse de Fromage blanc de campagne

1 tasse de baies sauvages

½ tasse de crème faible en matières grasses

2 Blancs d'oeuf

1 cuillère de miel

1 cuillère à café de sucre brun

Préparation:

Mélanger les ingrédients dans un grand bol. Bien battre avec une fourchette. Mettre dans un congélateur pendant environ 30 minutes. Ce mélange crémeux se marie parfaitement avec tout pain à base de grains entiers.

Valeurs Nutritionnelles pour 100g:

Carbohydrates 5.1g

Sucre 4.7g

Protéines 19 g

Lipides Total 9.8g

Sodium 101 mg

Potassium 112mg

Calcium 5.45mg

Fer 1.6mg

Vitamines (Vitamine A; B-6; B-12; C; D; D2; D3; K; Riboflavin; Niacin; Thiamin; K)

Calories 91

6. Graines de Chia avec Yaourt Grec

Ingrédients:

1 tasse de Yaourt Grec

3 cuillères de graines de Chia

1 cuillère à café d'amandes moulues

1 cuillère de miel

Préparation:

Les Graines de Chia sont très populaires en raison de leurs valeurs nutritionnelles. Il y a une raison pour laquelle on dit qu'elles sont «super». Ajouter cet ingrédient de haute qualité dans votre Yaourt Grec regulier et vous aurez un grand repas complet de Protéines et d'autres ingrédients précieux.

Pour cette recette facile, mélanger 3 cuillère de graines de Chia avec 1 tasse de Yaourt Grec, 1 cuillère à café d'amandes moulues et 1 cuillère de miel. Utilisez une fourchette ou un batteur électrique pour obtenir un mélange lisse. Laisser refroidir au réfrigérateur.

Valeurs Nutritionnelles pour 100g:

Carbohydrates 3.1g

Sucre 2.12g

Protéines 9.7 g

Lipides Total 4.8g

Sodium 73mg

Potassium 99mg

Calcium 3.9mg

Fer 0.16mg

Vitamines (Vitamine A; B-6; B-12; K; Riboflavin; Niacin;)

Calories 89

7. Omelette de Bacon et Epinards

Ingrédients:

3 Oeufs

1 tasse d'epinards frais

5 tranches fines de bacon

¼ tasse de lait

1 cuillère d'huile d'olive

1/8 cuillère à café de poivre

¼ cuillère à café de sel

Préparation:

Graisser la poêle avec l'huile d'olive. Chauffer sur feu moyen à fort. Pendant ce temps, fouetter ensemble les oeufs, les épinards et le lait. Verser dans le moule et remuer pendant 3-4 minutes. Ajouter le bacon, poivre et sel. Éteindre le feu, mais garder la casserole sur le brûleur jusqu'à ce que le jambon soit chauffé.

Valeurs Nutritionnelles pour 100g:

Carbohydrates 5.3g

Sucre 3.19g

Protéines 28.9 g

Lipides Total 11.8g

Sodium 112 mg

Potassium 139mg

Calcium 1.9mg

Fer 1.18mg

Vitamines (B-6; B-12; D)

Calories 213

8. Casserole d'Aubergines

Ingrédients:

2 grandes Aubergines

1 tasse de viande hachee

1 oignon

2 cuillères d'huile d'olive

¼ cuillère à café de poivre

2 tomates

1 cuillère de persil secl

4 Oeufs

3 cuillères de chapelure

1 tasse de lait écrémé

½ tasse de crème faible en matières grasses

Préparation:

Graisser le plat de cuisson avec de l'huile d'olive. Préchauffer le four à 350 degrés. Pelez les aubergines et coupez-les sur la longueur en tranches fines. Mettre une couche de tranches d'aubergines dans une casserole de cuisson. Peler et couper l'oignon et les tomates en fines tranches. Faire une autre couche dans un plat de cuisson. Étaler la viande sur le dessus. Maintenant, mélanger la chapelure avec le lait, les oeufs, la crème faible en matieres grasses, le persil et le poivre dans un grand bol. Fouetter jusqu'à obtenir un mélange bien lisse. Versez ce mélange sur le dessus de votre cocotte et cuire pendant environ 20 minutes. Couper en 6 morceaux égaux.

Valeurs Nutritionnelles pour 100g:

Carbohydrates 12.7g

Sucre 9.1g

Protéines 29.3 g

Lipides Total 11g

Sodium 237 mg

Potassium 289mg

Calcium 5.9mg

Fer 4.2mg

Vitamines (Vitamine A; B-6; B-12; C; D; D2; D3; K; Riboflavin; Niacin; Thiamin; K)

Calor

9. Blancs d'oeufs Frits avec Fromage blanc de campagne

Ingrédients:

4 Oeufs

1 tasse de Fromage blanc de campagne

¼ tasse de lait écrémé

1 cuillère d'huile d'olive

sel selon le goût

Préparation:

Séparez les blancs d'oeuf des jaunes. Graisser la poêle avec l'huile d'olive. Chauffer sur feu moyen à fort. Fouetter ensemble les blancs d'oeuf, le fromage blanc de campagne et le lait. Ajouter un peu de sel selon le goût. Frire pour 3-4 minutes en remuant sans arrêt.

Valeurs Nutritionnelles pour 100g:

Carbohydrates 2.1g

Sucre 2g

Protéines 17.8g

Lipides Total 9.8g

Sodium 137 mg

Potassium 109mg

Calcium 5.3mg

Fer 1.16mg

Vitamines (Vitamine A; B-6; B-12; D; D2; D3)

Calories 179

10. Délice Croquant aux Amandes

Ingrédients:

1 tasse de Yaourt Grec

½ tasse de myrtilles congelées

¼ Tasse d'amandes entières

1 cuillère de miel

Préparation:

Mélanger les ingrédients dans un blender et mélanger pendant 30 secondes. Verser le mélange dans un grand verre et laisser au congélateur pendant environ une heure.

Valeurs nutritionnelles par tasse:

Carbohydrates 7.7g

Sucre 5.1g

Protéines 14 g

Lipides Total 6.8g

Sodium 112 mg

Potassium 129mg

Calcium 3.9mg

Fer 1.12mg

Vitamines (Vitamine A; B-6; B-12;D; D2; D3; K)

Calories 87

11. Toast Francais avec Aubergines

Ingrédients:

1 grande aubergine

3 Oeufs

¼ cuillère à café de sel de mer

1 cuillère d'huiile de noix de coco

½ cuillère à café de cannelle

Préparation:

Eplucher l'aubergine et la couper en tranches. Saupoudrer de sel chaque côté de l'aubergine. Laisser reposer pendant quelques minutes. Pendant ce temps, mélanger les oeufs avec la cannelle dans un grand bol. Faire fondre l'huile de coco dans une poêle à feu moyen.

Mettez vos tranches d'aubergine dans le mélange d'œuf. Faire quelques trous avec un couteau pour permettre au mélange d'imprégner l'aubergine. Faire frire jusqu'à ce que la couleur soit d'un beau brun doré, de chaque côté. Servez votre «pain français« chaud.

Valeurs Nutritionnelles pour 100g:

Carbohydrates 9.4g

Sucre 6.3g

Protéines 19 g

Lipides Total 10.8g

Sodium 167 mg

Potassium 234mg

Calcium 3.3mg

Fer 2.44mg

Vitamines (Vitamine A; B-6; B-12; C; D; D2; D3; K; Riboflavin; Niacin; Thiamin; K)

Calories 187

12. Toast de Feta et Oeufs

Ingrédients:

4 tranches de pain de grains entiers

3 Œufs

1 tasse de pousses d'épinards, hachées

½ tasse de fromage feta

2 cuillère d'huile d'olive extra vierge

Préparation:

Battre les oeufs avec une fourchette dans un bol. Couper le fromage feta en petits cubes et les ajouter dans le bol. Graisser la poêle avec l'huile d'olive. Chauffer sur feu moyen à fort et faire frire les épinards pendant plusieurs minutes, en remuant constamment. Ajouter les Oeufs et le mélange de feta et les faire frire pendant plusieurs minutes.

Mettez le pain dans le grille-pain pendant 2 minutes. Servir avec le mélange d'oeufs, le feta et les épinards.

Valeurs Nutritionnelles pour 100g:

Carbohydrates 13.7g

Sucre 7.1g

Protéines 26.7 g

Lipides Total 11.8g

Sodium 141 mg

Potassium 223mg

Calcium 4.5mg

Fer 2.54mg

Vitamines (Vitamine A; B-6; B-12; C; D; D2; D3; K; Riboflavin; Niacin; Thiamin; K)

Calories 197

13. Shake de Yaourt Grec Protéiné

Ingrédients:

3 tasses de Yaourt Grec

3 Blancs d'œuf

1 tasse de jus de pomme frais

½ tasse de mangue surgelée, hachée

½ tasse d'ananas congelé, haché

1 cuillère de miel

1 cuillère d'extrait naturel d'orange

Préparation:

Mettre tous les ingrédients dans un blender et mélanger pendant 30-40 secondes. Servir froid.

Valeurs nutritionnelles par tasse:

Carbohydrates 15.7g

Sucre 11.13g

Protéines 29 g

Lipides Total 7.8g

Sodium 196 mg

Potassium 289mg

Calcium 5.35mg

Fer 6.15mg

Vitamines (Vitamine A; B-6; B-12; C; D; D2; D3; K; Riboflavin; Niacin; Thiamin; K)

Calories 165

14. Smoothie de Baies Sauvages

Ingrédients:

1 tasse de lait écrémé

½ tasse d'eau

3 Blancs d'oeuf

½ tasse de baies sauvages mixtes, congelées

1 banane

½ tasse de glaçons

1 cuillère de miel

½ cuillère à café of cannelle

Préparation:

Combiner les ingrédients dans un mélangeur pendant quelques minutes. Laisser refroidir au réfrigérateur pendant environ une heure.

Valeurs nutritionnelles par tasse:

Carbohydrates 9.7g

Sucre 8.1g

Protéines 24 g

Lipides Total 4.8g

Sodium 187 mg

Potassium 267mg

Calcium 4.5mg

Fer 2.45mg

Vitamines (Vitamine A; B-6; B-12; C; D; D2; D3; K; Riboflavin; Niacin; Thiamin; K)

Calories 143

15. Fromage blanc de campagne et crêpes à la banane

Ingrédients:

Ingrédients:

1 tasse de tranches de banane

½ tasse de fleur de riz

½ tasse de lait écrémé

½ tasse de lait d'amande

3 cuillère de Sucre brun

1 cuillère à café d'extrait de vanille

1 Œuf

½ tasse de crème faible en matières grasses

Aérosol de cuisson non gras

Préparation:

Combiner les tranches de banane, de la farine, le lait écrémé et le lait d'amande dans un bol et mélanger avec un batteur électrique jusqu'à obtenir un mélange lisse. Couvrir et laisser reposer pendant 15 minutes.

Dans un autre bol, mélanger la crème avec l'extrait de vanille, le sucre et l'œuf. Bien battre avec une fourchette, ou mieux encore avec un batteur électrique. Vous voulez obtenir un mélange mousseux. Mettre de côté.

Saupoudrez un peu d'aérosol de cuisson non gras sur une poêle à frire. Utilisez ¼ tasse du mélange banane pour faire un crêpe. Frire vos crêpes pendant environ 2-3 minutes de chaque côté. Ce mélange devrait vous donner 8 crêpes.

Étendre 1 cuillère du mélange de fromage sur chaque crêpe et servir.

Valeurs Nutritionnelles pour 100g:

Carbohydrates 22.4g

Sucre 19.1g

Protéines 24 g

Lipides Total 17.8g

Sodium 194 mg

Potassium 297mg

Calcium 3.9mg

Fer 2.876mg

Vitamines (Vitamine A; B-6; B-12; C; D; D2; D3; K)

Calories 143

16. Omelette aux Epinards

Ingrédients:

4 Oeufs

1 1 tasse de petites feuilles d'épinards, hachées

1 cuillère de poudre d'oignon

¼ cuillère à café de poivre de Cayenne en poudre

¼ cuillère à café de sel de mer

1 cuillère de Parmesan

1 cuillère d'huile d'olive

Préparation:

Battre les oeufs avec une fourchette, dans un grand bol. Ajouter les épinards et le parmesan. Bien mélanger. Assaisonner avec la poudre d'oignon, le poivre de Cayenne et le sel de mer.

Chauiffer dans un bol, battre les oeufs et melanger les épinards et le parmesan. Assaisonner avec la poudre d'oignon, la muscade, le sel et le poivre.

Chauffer l'huile d'olive à feu moyen. Ajouter le mélange d'oeufs et faire frire pendant 2-3 minutes.

Valeurs Nutritionnelles pour 100g:

Carbohydrates 7.2g

Sucre 5.1g

Protéines 29.6 g

Lipides Total 6.8g

Sodium 167 mg

Potassium 249mg

Calcium 4.9mg

Fer 5.16mg

Vitamines (Vitamine A; B-6; B-12; C; D; D2; D3; K; Riboflavin; Niacin; Thiamin; K)

Calories 190

17. Smoothie de Mocha aux Protéines

Ingrédients:

1 tasse de glaçons

1 cuillère de chocolat noir râpé (80% de cacao)

1 cuillère de cacao

½ tasse de lait d'amande

1 tasse de lait écrémé

3 Blancs d'oeuf

1 cuillère à café de moka instantané

Préparation:

Combiner la glace, le chocolat noir, le cacao, le lait d'amande et le moka instantané et bien mélanger. Verser dans de grands verres et servir froid.

Valeurs nutritionnelles par tasse:

Carbohydrates 4.7g

Sucre 3.1g

Protéines 17.6 g

Lipides Total 8.8g

Sodium 101mg

Potassium 139mg

Calcium 3.9mg

Fer 1.6mg

Vitamines (Vitamine A; B-6; B-12; D; D2)

Calories 79

18. Patates Douces avec Blancs d'oeuf

Ingrédients:

4 patates douces moyennes, pelées

6 Œufs

2 oignons moyens, pelés

1 cuillère d'ail écrasé

2 cuillère d'huile d'olive

½ cuillère à café de sel de mer

¼ cuillère à café de poivre moulu

Préparation:

Préchauffez votre four à 350 degrés. Étaler l'huile d'olive sur une feuille de cuisson de taille moyenne. Placez les pommes de terre sur une plaque à pâtisserie. Cuire au four pendant environ 40 minutes. Retirer du four et laisser refroidir pendant un certain temps. Baisser la chaleur du four à 200 degrés.

Pendant ce temps, hachez les oignons en petits morceaux. Séparer les blancs des jaunes d'oeufs. Couper les pommes de terre en tranches épaisses et les placer dans un bol.

Ajouter les oignons hachés, les blancs d'oeuf, l'ail écrasé, le sel de mer et le poivre. Bien mélanger.

Étalez ce mélange sur une plaque de cuisson et cuire au four pendant 15-20 minutes.

Valeurs Nutritionnelles pour 100g:

Carbohydrates 16.7g

Sucre 9.1g

Protéines 19 g

Lipides Total 11.8g

Sodium 127 mg

Potassium 114mg

Calcium 1.3mg

Fer 2.12mg

Vitamines (Vitamine A; B-6; D; D2; D3; K; Riboflavin; Niacin; Thiamin)

Calories 204

19. Burritos Protéinés

Ingrédients:

1 tasse de haricots verts cuit

1 livre de boeuf haché maigre

1 tasse de fromage blanc de campagne

½ tasse d'oignons hachés

1 cuillère à café de piment rouge moulu

1 cuillère à café de poudre de chili

6 tortillas de grains entiers

Préparation:

Faites cuire la viande puis la rincer. Couper en petits morceaux et remettre dans la casserole. Ajouter le piment rouge moulu, la poudre de chili et les oignons. Mélangez bien pendant 15 minutes. Retirer du feu.

Combinez le fromage blanc de campagne avec les haricots verts dans un blender. Mélangez bien pendant 30 secondes. Ajouter le mélange de fromage à la viande. Diviser ce mélange en 6 morceaux égaux et répartir sur les tortillas. Envelopper et servir.

.Valeurs Nutritionnelles pour 100g:

Carbohydrates 21g

Sucre 15.1g

Protéines 32.4 g

Lipides Total 19.8g

Sodium 337 mg

Potassium 223mg

Calcium 2.4mg

Fer 2.42mg

Vitamines (Vitamine A; B-6; B-12; C; D; D2; D3; K; Riboflavin; Niacin; Thiamin; K)

Calories 264

20. Parfait aux Amandes

Ingrédients:

2 cuillères de chocolat noir râpé (80% de cacao)

2 tasses de lait écrémé

2 cuillère de crème faible en matières grasses

1 oeuf entier

2 blancs d'oeuf

1 cuillère de miel

½ tasse d'amandes grillées

Préparation:

Réchauffer doucement le lait écrémé sur une température basse. Ajouter la crème et bien mélanger. Ne laissez pas bouillir! Retirer du feu et ajouter le chocolat. Remuer jusqu'à ce que le chocolat soit fondu. Mettre de côté et laisser refroidir pendant un certain temps. Maintenant, ajoutez les oeufs et les blancs d'oeuf, le miel et les amandes. Mélangez bien pendant plusieurs minutes et verser dans de grands verres. Congeler durant la nuit et servir.

Valeurs nutritionnelles par tasse:

Carbohydrates 10.7g

Sucre 7.5g

Protéines 23 g

Lipides Total 9.8g

Sodium 133 mg

Potassium 211mg

Calcium 5.9mg

Fer 2.34mg

Vitamines (Vitamine A; B-6; B-12; C; D; D2; D3; K)

Calories 89

21. Gruau de Canneberges

Ingrédients:

1 tasse de canneberges fraîches

2 tasses de Flocons d'Avoine roulés

1 cuillère de graines de citrouille

1 pomme moyenne, la couper en tranches

1 tasse de yaourt faible en gras

3 blancs d'oeuf

½ tasse de sirop d'érable

Préparation:

Préchauffer le four à 350 degrés. Etalez les graines de citrouille sur une plaque et faites les griller pendant environ 5-6 minutes. Il faut qu'elles aient une belle couleur légèrement dorée.

Faire bouillir les canneberges sur une température élevée. Cuire jusqu'à ce qu'elles éclatent. Ajouter les Flocons d'Avoine, les blancs d'oeufs et les tranches de pomme et bien mélanger. Faites cuire pendant 7 minutes, ou jusqu'à ce que les flocons d'avoine soient bien cuits. Incorporer les graines de citrouille. Retirer du feu et laisser reposer pendant 10 minutes. Servir froid avec le sirop d'érable et le yaourt.

Valeurs Nutritionnelles pour 100g:

Carbohydrates 14.7g

Sucre 10.1g

Protéines 16 g

Lipides Total 11.8g

Sodium 187 mg

Potassium 278mg

Calcium 5.56mg

Fer 1.34mg

Vitamines (Vitamine A; B-6; B-12; C; D; D2; D3; K; Riboflavin; Niacin; Thiamin; K)

Calories 121

22.   Oeufs brouillés au Curcuma

Ingrédients:

3 oeufs

3 Blancs d'oeuf

1 cuillère d'huile d'olive

1 cuillère à café de curcuma moulu

Sel et Poivre selon le gout

Préparation:

Graisser la poêle avec l'huile d'olive. Chauffer sur feu moyen à fort. Pendant ce temps, fouetter ensemble les oeufs, les blancs d'oeuf et le curcuma. Ajoutez un peu de Sel et Poivre selon le gout et faire frire pendant quelques minutes.

Valeurs Nutritionnelles pour 100g:

Carbohydrates 2.7g

Sucre 1.3g

Protéines 19 g

Lipides Total 9.8g

Sodium 111 mg

Potassium 122mg

Calcium 1.23mg

Fer 0.16mg

Vitamines (Vitamine A; B-6; B-12; C; D)

Calories 213

23. Snacks Méditerranéens rapides

Ingrédients:

3/4 tasse d'amandes moulues

1/4 tasse de noix de coco râpée

3/4 tasse de baies de goji

1 tasse de lait de noix de coco

½ verre d'eau

1 cuillère à café d'extrait de vanille

1 cuillère à café de zeste d'orange râpé

1 cuillère à café de poudre de chili

3 cuillères de chocolat noir râpé à 85% de cacao

Préparation:

Vous devez d'abord mélanger le zeste d'orange avec le piment, l'extrait de vanille et le lait de coco. Cuire à basse température pendant 10-15 minutes. Laissez-le refroidir. Pendant ce temps, mélanger les amandes, la noix de coco râpée, les baies de goji et de l'eau dans un mélangeur pendant quelques minutes. Ajouter le mélange refroidi de chili, l'extrait de vanille, le zeste d'orange et le lait de noix de coco et mélanger pendant 1-2 minutes. Verser le mélange dans des moules ronds et saupoudrer avec du chocolat noir sur le dessus. Laisser reposer au réfrigérateur pendant quelques heures.

Valeurs Nutritionnelles pour 100g:

Carbohydrates 14.5g

Sucre 2.61g

Protéines 13.5g

Lipides Total 16.6 g

Sodium 49,5mg

Potassium 331mg

Calcium 121,8mg

Fer 37.6mg

Vitamines (Vitamine C; B-6; B-12; A-RAE; D; D-D2+D3; K-phylloquinone; Thianin; Riboflavin; Niacin)

Calories 248 kcal

24.   Crêpes de Vanille Protéinées

Ingrédients:

4 Oeufs

2 tasses de lait écrémé

½ tasse de farine de riz

2 cuillère de Sucre brun

½ cuillère à café de sel de sel

1 cuillère à café de bicarbonate de soude

½ cuillère à café d'extrait de vanille

Préparation:

ombinez les oeufs, le lait, la farine, le sel, le bicarbonate de soude et la vanille dans un bol moyen. Mélangez bien avec un batteur électrique.

Utiliser ¼ tasse de ce mélange pour faire un crêpe. Frire sur une température moyenne et faire bien dorer de chaque côté. Servir chaud.

Valeurs Nutritionnelles pour 100g:

Carbohydrates 4.7g

Sucre 4.1g

Protéines 29 g

Lipides Total 11.8g

Sodium 137 mg

Potassium 239mg

Calcium 2.9mg

Fer 2.16mg

Vitamines (Vitamine A; B-6; B-12; C; D; D2; D3; K; Riboflavin; Niacin; Thiamin; K)

Calories 213

25.   Shake Protéiné aux Myrtilles

Ingrédients:

1 tasse de myrtilles congelées

1 tasse de lait écrémé

3 blancs d'oeuf

1 tasse d'eau

1 cuillère de sucre brun

½ tasse de noix

Préparation:

Combiner les ingrédients dans un blender et mélanger pendant 30-40 secondes.

Servir froid.

Valeurs nutritionnelles par tasse:

Carbohydrates 8.7g

Sucre 8.1g

Protéines 19 g

Lipides Total 9.8g

Sodium 127 mg

Potassium 139mg

Calcium 1.22mg

Fer 2.16mg

Vitamines (Vitamine A; B-6; B-12; C; D; D2)

Calories 91

26. Purée d'Œuf et Avocat

Ingrédients:

4 Oeufs

1 tasse de lait écrémé

½ avocat

Préparation:

Faites bouillir vos oeufs jusqu'a ce qu'ils soient bien cuits et durs. Retirer du feu et laisser refroidir. Peler et couper les oeufs. Ajouter une pincée de sel et laisser au réfrigérateur pendant environ 30 minutes. Placez dans un blender. Couper l'avocat en petits morceaux et l'ajouter au mélangeur. Ajouter le lait et mélanger pendant 30 minutes. Cette purée doit être consommée immédiatement.

Valeurs Nutritionnelles pour 100g:

Carbohydrates 8.7g

Sucre 5.1g

Protéines 17 g

Lipides Total 7.8g

Sodium 112 mg

Potassium 101mg

Calcium 3.4mg

Fer 0.23mg

Vitamines (Vitamine A; B-6; B-12; C; D; D2; D3)

Calories 176

27. Shake Protéiné au Mélange de Noix

Ingrédients:

1 cuillère à café d'amandes râpées

1 cuillère à café de noix râpées

1 cuillère à café de noisettes râpées

1 cuillère à café de noix de Macadamia râpées

1 verre de jus d'orange frais

1 cuillère de sirop d'agave

1 cuillère de crème glacée à l'orange sans gras

1 poignée de glaçons

Préparation:

Mélanger les ingrédients dans un mélangeur pendant 30-40 secondes.

Valeurs nutritionnelles pour 1 verre:

Carbohydrates 15.19g

Sucre 11.23g

Protéines 9.85g

Lipides Total 6.64g

Sodium 115mg

Potassium 309.6mg

Calcium 121mg

Fer 5.03mg

Vitamines (Vitamine C total ascorbic acid; B-6; B-12; Folate-DFE; A-RAE; A-IU; E-alpha-tocopherol; D; D-D2+D3; K-phylloquinone; Thianin; Riboflavin; Niacin)

Calories 98.3

28. Salade de Fraises et de Noix

Ingrédients:

½ tasse de noix moulues

2 tasses de fraises fraîches

1 cuillère de sirop de fraises

2 cuillère de crème sans gras

1 cuillère de sucre brun

Préparation:

Laver et couper les fraises en petits morceaux. Mélanger avec les noix moulues dans un bol. Dans un autre bol, mélanger le sirop de fraise, la crème sans gras, et le sucre brun. Bien battre avec une fourchette et repartissez sur le dessus de la salade de fraises et de noix.

Valeurs Nutritionnelles pour 100g:

Carbohydrates 9.7g

Sucre 8.1g

Protéines 17 g

Lipides Total 9.8g

Sodium 137 mg

Potassium 234mg

Calcium 3.4mg

Fer 3.16mg

Vitamines (Vitamine A; B-6; B-12; C; D; D2; D3; K; Riboflavin; Niacin; Thiamin; K)

Calories 176

29. Omelette au Gingembre

Ingrédients:

3 Oeufs

2 cuillères d'huile d'olive

1 cuillère à café de gingembre moulu

1/5 cuillère à café de poivre

¼ cuillère à café de sel de mer

Préparation:

Battre les oeufs avec une fourchette. Ajouter le gingembre et le poivre. Bien melanger et frire dans l'huile d'olive pour quelques minutes. Servir chaud. Assaisonner de sel de mer.

Valeurs Nutritionnelles pour 100g:

Carbohydrates 0.9g

Sucre 0.45g

Protéines 12g

Lipides Total 12.4g

Sodium 156mg

Potassium 117.5mg

Calcium 4.4mg

Fer 7.37mg

Vitamines (Vitamine A; B-6; D; D2; D3)

Calories 156

30. Oeufs brouillés au Poivre Vert

Ingrédients:

2 oeufs entiers

2 blancs d'oeuf

2 petits poivrons verts, coup**é**s

¼ cuillère à café de poivre de Cayenne

¼ cuillère à café de sel de mer

1 cuillère d'huile d'olive

Préparation:

Battre les oeufs et les blancs d'oeuf avec une fourchette.Assaisonner les oeufs avec du poivre de Cayenne et du sel de mer.

Chauffer l'huile d'olive sur un feu moyen-fort et frire les poivrons verts pour environ 10mns. Ajouter les oeufs, bien mélanger et frire pour 3 minutes supplémentaires. Enlever du feu et servir.

Valeurs Nutritionnelles pour 100g:

Carbohydrates 10.7g

Sucre 8.1g

Protéines 17g

Lipides Total 8.8g

Sodium 134 mg

Potassium 253mg

Calcium 2.5mg

Fer 1.34mg

Vitamines (Vitamine A; B-6; B-12; C; D; D2; D3)

Calories 175

31. Shake Protéiné aux Amandes

Ingrédients:

1 tasse de lait d'amande

1 tasse de lait écrémé

3 blancs d'oeuf

1 cuillère à café de cannelle

1 tasse de fraises

½ tasse d'amandes moulues

1 cuillère à café d'extrait d'amande

Preparadion:

Mélanger les ingrédients dans un blender pendant environ 30-40 secondes. Servir froid.

Valeurs nutritionnelles par tasse:

Carbohydrates 9.7g

Sucre 5.1g

Protéines 21 g

Lipides Total 7.8g

Sodium 111 mg

Potassium 132mg

Calcium 1.2mg

Fer 4.16mg

Vitamines (Vitamine A; B-6; B-12; C; D; D2; D3; K; Riboflavin; Niacin; Thiamin; K)

Calories 98

32. Muesli de Pommes avec Graines de Chia

Ingrédients:

½ tasse de graines de Chia séchées

2 grosses pommes

3 cuillère de graines de lin

3 cuillères de miel

1 ¼ tasse d'eau de coco

1 ¼ tasse de yaourt nature

1 tasse de Flocons d'Avoine roulés

2 cuillères à soupe de feuilles de menthe

Sel de cristal d'Himalaya, selon le goût

Préparation:

Laver et éplucher les pommes. Coupez-les en petits morceaux et placer dans un grand bol. Ajouter le yaourt, les graines de Chia, les graines de lin, les flocons d'avoine roulés, la menthe et l'eau de coco dans le bol et bien mélanger. Laisser reposer le mélange au réfrigérateur pendant la nuit.

Ajouter le sel et le miel avant de servir.

Valeurs Nutritionnelles pour 100g:

Carbohydrates 10.7g

Sucre 8.1g

Protéines 18 g

Lipides Total 11.8g

Sodium 137 mg

Potassium 239mg

Calcium 2.9mg

Fer 2.16mg

Vitamines (Vitamine A; B-6; B-12; C; D; D2; D3; K; Riboflavin; Niacin; Thiamin; K)

Calories 198

33. Pain de Noix au Miel

Ingrédients:

1 cuillère de miel

½ tasse de noix moulues

2 tasses de farine d'amande

1 cuillère d'extrait de vanille

3 grands oeufs

5 blancs d'oeuf

½ cuillère à café de sel de mer

1 cuillère à café de bicarbonate de soude

2 cuillères d'huile de coco

Préparation:

Mettez le miel, les oeufs, les blancs d'oeuf, les noix et l'extrait de vanille dans le robot culinaire et mélanger pendant 40 secondes.

Verser le mélange dans un bol et ajouter la farine, le bicarbonate de soude et le sel. Mélangez bien avec une fourchette ou encore mieux avec un mélangeur électrique pour obtenir une pâte lisse.

Verser l'huile de noix de coco sur une plaque à pâtisserie. Préchauffer le four à 250 degrés. Il faut environ 40 minutes pour que le pain soit bien levé. Lorsqu'il est prêt, le retirer du four et laisser reposer pendant au moins 2 heures avant de consommer.

Ce pain est riche en Protéines et fait une très bonne alternative à votre pain régulier

. **Valeurs Nutritionnelles pour 100g:**

Carbohydrates 31g

Sucre 17g

Protéines 25g

Lipides Total 11.8g

Sodium 177 mg

Potassium 322mg

Calcium 4.9mg

Fer 5.16mg

Vitamines (Vitamine A; B-6; B-12; C; D; D2; D3; K; Riboflavin; Niacin; Thiamin; K)

Calories 312

34. Crêpes aux Amandes

Ingrédients:

1 tasse de Flocons d'Avoine

½ tasse d'amandes hachées

2 blancs d'oeuf

1 tasse de lait

½ tasse d'eau

sel

cannelle au goût

Une cuillère d'huile de coco

Préparation:

Faire une pâte lisse avec les flocons d'Avoine, les amandes, les blancs d'oeuf, le sel et l'eau, à l'aide d'un batteur électrique. Ajoutez un peu de cannelle au goût et faire frire à feu moyen pendant environ 3-4 minutes de chaque côté. Ces crêpes sont parfaites avec du sirop de fraise sur le dessus.

Valeurs Nutritionnelles pour 100g:

Carbohydrates 21.3g

Sucre 19g

Protéines 23g

Lipides Total 16.6g

Sodium 193.5mg

Potassium 278mg

Calcium 3.4mg

Fer 2.8mg

Vitamines (Vitamine A; B-6; B-12; C; D; D2; D3; K)

Calories 148

35. Shake de fruits & Graines de Chia

Ingrédients:

1 petite pomme

1 petite orange

½ verre d'eau

1 cuillère de graines de Chia hachées

1 cuillère à café d'amandes hachées

3 Blancs d'oeuf

2 cuillère de crème sans gras

½ tasse de glaçons

Préparation:

Combiner les ingrédients dans un mélangeur pendant 30-40 secondes. Boire cette boisson froide.

Valeurs nutritionnelles par tasse:

Carbohydrates 8g

Sucre 4.9g

Protéines 10.2g

Lipides Total 2.67g

Sodium 74mg

Potassium 312.9mg

Calcium 79mg

Fer 1.88mg

Vitamines (Vitamine B-6; B-12; D; D-D2+D3)

Calories 56

36. Shake de noisettes et Fraises

Ingrédients:

1 tasse de fraises

1 verre de lait écrémé

¼ tasse de noisettes moulues

1 cuillère de crème grasse faible

1 cuillère de miel

1 cuillère à café de sucre brun

3 blancs d'oeuf

Préparation:

Séparez les blancs d'oeuf des jaunes. Combiner les ingrédients dans un mélangeur pendant 30-40 secondes..

Valeurs nutritionnelles par tasse:

Carbohydrates 9.76g

Sucre 6.9g

Protéines 11g

Lipides Total 1.9g

Sodium 98mg

Potassium 212.9mg

Calcium 56mg

Fer 1.87mg

Vitamines (Vitamine B-6; B-12; D; D-D2+D3)

Calories 67

37. Oeufs aux Légumes Frits et aux graines de Chia

Ingrédients:

2 oeufs

3 blancs d'oeuf

1 petit oignon

1 petite carotte

1 petite tomate

2 poivrons moyens

1 cuillère de Graines de Chia moulues

1 cuillère d'huile d'olive

Préparation:

Laver et sécher les légumes en utilisant un papier de cuisine. Couper en tranches ou en bandes. Chauffer l'huile d'olive sur une température moyenne et sauter les légumes pendant environ 10 minutes, en remuant constamment. Ajouter les graines de Chia et bien mélanger. Attendez que les légumes soient tendres et ajouter les oeufs. Frire pour 2-3 autres minutes supplémentaires. Retirer du feu et servir.

Valeurs Nutritionnelles pour 100g:

Carbohydrates 12g

Sucre 9.9g

Protéines 19.4g

Lipides Total 11.9g

Sodium 174mg

Potassium 212.9mg

Calcium 79mg

Fer 3.1mg

Vitamines (Vitamine B-6; B-12; D; D-D2+D3)

Calories 156

38. Mousse de Petit-dejeuner

Ingrédients:

½ tasse de myrtilles

¼ tasse de fraises

½ verre de lait écrémé

1 cuillère de crème faible en gras

3 blancs d'oeuf

1 cuillère d'extrait de vanille

cannelle au goût

Préparation:

Battre les blancs d'oeufs et la crème faible en matières grasses avec une fourchette. Il faudra environ 5 minutes pour obtenir une belle mousse lisse. Verser cette mousse dans un blender, ajouter les myrtilles, les fraises et mélanger pendant 20 secondes. Ajoutez un peu de cannelle et la vanille avant de servir.

Valeurs nutritionnelles par tasse:

Carbohydrates 8.9g

Sucre 5.9g

Protéines 12.3g

Lipides Total 1.7g

Sodium 114mg

Potassium 212mg

Calcium 1.34mg

Fer 1.34mg

Vitamines (Vitamine B-6; B-12; D; D-D2+D3)

Calories 76

39. Shake à la Vanille

Ingrédients:

1 verre de lait écrémé

1 cuillère à café d'extrait de vanille

1 cuillère de graines de Chia moulues

4 blancs d'oeuf

1 cuillère de crème sans graisse

Cannelle

1 cuillère à café de sucre

Préparation:

Mélangez bien les ingrédients dans un blender pendant 30 secondes. Servir froid.

Valeurs nutritionnelles par tasse:

Carbohydrates 12.2g

Sucre 7.5g

Protéines 14g

Lipides Total 5.65g

Sodium 121mg

Potassium 231.4mg

Calcium 22mg

Fer 1.9mg

Vitamines (Vitamine C total ascorbic acid; B-6; B-12; Folate-DFE; A-RAE; A-IU; D; D-D2+D3; K-phylloquinone; Thianin; Riboflavin; Niacin)

Calories 80

40. Crêpes de Noix de Coco avec Lait aux Fraises

Ingrédients:

1 verre de lait de noix de coco

3 blancs d'oeuf

1 verre d'eau

sel

1 tasse de farine de sarrasin

½ de tasse de noix moulues

½ tasse de fraises

De l'huile d'olive pour la friture

Préparation:

Bien mélanger le lait, la noix de coco, les blancs d'oeufs et l'eau dans un grand bol. Ajouter la farine et le sel et bien mélanger avec un mixeur, pour obtenir une pâte lisse. Ajouter les noix moulues. Chauffer l'huile d'olive a température moyenne. Faire des crêpes avec ¼ tasse de pâte chacune. Frire dans l'huile chaude et garnir de fraises.

Valeurs Nutritionnelles pour 100g:

Carbohydrates 23.2g

Sucre 18g

Protéines 26 g

Lipides Total 15.3g

Sodium 172 mg

Potassium 247mg

Calcium 3.6mg

Fer 2.36mg

Vitamines (Vitamine A; B-6; B-12; C; D; D2; D3; K)

Calories 152

41. Pain aux Graines de Chia

Ingrédients:

3 tasses de farine de sarrasin

3 Blancs d'oeuf

1 tasse de graines de Chia émincées

de l'eau chaude

sel

½ paquet de levure sèche

Préparation:

Mélanger la farine, les oeufs et les graines de Chia avec du sel et de la levure. Ajouter de l'eau chaude et mélanger jusqu'à obtenir une pâte lisse. Laissez reposer dans un endroit chaud pendant environ 30-40 minutes. Saupoudrer avec de l'eau froide et faire cuire au four préchauffé à 350 degrés pendant environ 40 minutes.

Valeurs Nutritionnelles pour 100g:

Carbohydrates 30g

Sucre 15.6g

Protéines 23g

Lipides Total 16.4g

Sodium 183 mg

Potassium 319mg

Calcium 4.8mg

Fer 5.12mg

Vitamines (Vitamine A; B-6; B-12; C; D; D2; D3; K; Riboflavin; Niacin; Thiamin; K)

Calories 309

42. Beurre de Cacahuète Fait Maison

Ingrédients:

1 tasse de cacahuètes, moulues

3 cuillères d'huile d'arachide

1 tasse de Yaourt Grec

¼ cuillère à café de sel

Préparation:

Mettre tous les ingrédients dans un blender. Ce processus prend environ 30 secondes et votre beurre de cacahuète est prêt à être consommé!

Valeurs Nutritionnelles pour 100g:

Carbohydrates 21g

Sucre 17g

Protéines 25g

Lipides Total 50.8g

Sodium 17mg

Potassium 622mg

Calcium 4.8mg

Fer 10.16mg

Vitamines (Vitamine B-6; B-12; Riboflavin; Niacin; Thiamin; K)

Calories 580

43. Glace à la Vanille Faite Maison

Ingrédients:

1 tasse de crème faible en matières grasses

4 blancs d'oeuf

1 cuillère de Sucre brun

1 cuillère à café de poudre de vanille naturelle

1 cuillère à café d'extrait de vanille

¼ cuillère à café de cannelle

Préparation:

Mélanger les ingrédients avec un mixeur pendant quelques minutes. Laisser au réfrigérateur pendant la nuit.

Valeurs Nutritionnelles pour 100g:

Carbohydrates 16g

Sucre 4.2g

Protéines 19g

Lipides Total 8g

Sodium 56 mg

Potassium 122mg

Calcium 6.3mg

Fer 0.16mg

Vitamines (Vitamine A; B;C; D; D2; D3)

Calories 136

44. Glace à la Cerise

Ingrédients:

½ tasse de cerises surgelées

½ tasse de yogourt glacé

4 blancs d'oeuf

¼ tasse de lait d'amande

1 cuillère à café d'extrait de cerise

1 cuillère de sucre brun

1 cuillère de garniture de dessert fouettée, sans gras

Préparation:

Mettez les cerises, les blancs d'oeufs, le lait d'amande et le sucre dans un blender pendant 30 secondes, jusqu'à ce que vous obteniez un mélange lisse. Pendant ce temps, mélanger l'extrait de cerise avec le yaourt glacé et la garniture de dessert fouettée dans un petit bol.

Verser les deux mélanges dans grand verre, de sorte que le yaourt glacé soit sur le dessus. Laisser reposer au réfrigérateur pendant la nuit.

Valeurs Nutritionnelles pour 100g:

Carbohydrates 8g

Sucre 6.4g

Protéines 15.6g

Lipides Total 6.8g

Sodium 132 mg

Potassium 121mg

Calcium 2.3mg

Fer 1.23mg

Vitamines (Vitamine A; B-6; B-12; C; D; D2; D3)

Calories 176

45. Boisson Protéinée au Cacao Faite Maison

Ingrédients:

1 tasse de lait écrémé

½ tasse de lait d'amandes

4 blancs d'oeuf

2 cuillères à café de poudre de cacao

2 cuillère à café de sucre brun

1 cuillère de garniture de dessert sans graisse

Préparation:

Mélanger le lait d'amande et le lait écrémé. Apportez-le à la température d'ébullition, sur une température moyenne. Retirer du feu et ajouter la poudre de cacao, les blancs d'oeufs et le sucre. Mélangez bien et laissez cuire encore 3-4 minutes, sur une température très basse, en remuant constamment.

Valeurs nutritionnelles par tasse:

Carbohydrates 30.5g

Sucre 26.7g

Protéines 26g

Lipides Total 15.8g

Sodium 577 mg

Potassium 245mg

Calcium 9.8mg

Fer 7.8mg

Vitamines (Vitamine B-6; B-12; D; D2)

Calories 322

46. Paté de Graines de Chia

Ingrédients:

½ tasse de poudre de graines de Chia

¼ tasse de graines de Chia

½ tasse de Fromage blanc de campagne

3-4 gousses d'ail

¼ tasse de lait écrémé

1 cuillère de moutarde

¼ cuillère à café de sel

Préparation:

Hacher l'ail et mélanger avec la moutarde. Dans un grand bol, mélanger Fromage blanc de campagne avec le lait écrémé, sel, graines de Chia en poudre et graines de Chia. Bien mélanger et ajouter l'ail et la moutarde. Laisser reposer au réfrigérateur pendant environ une heure.

Valeurs Nutritionnelles pour 100g:

Carbohydrates 23g

Sucre 8.1g

Protéines 24.2g

Lipides Total 10.6g

Sodium 177 mg

Potassium 312mg

Calcium 4.6mg

Fer 4.16mg

Vitamines (Vitamine A; B-6; B-12; C; D; D2; D3; K; Riboflavin; Niacin; Thiamin; K)

Calories 174

47. Flocons d'avoine avec du sirop d'Erable

Ingrédients:

1 tasse de Flocons d'Avoine roulés

½ tasse de fraises

1 cuillère à café de sirop d'Erable

1 tasse de Yaourt Grec

1 cuillère de sucre brun

1 cuillère de miel

4 Blancs d'oeufs

Préparation:

Combinez les flocons d'Avoine avec le Yaourt Grec dans un grand bol. Lavez et hachez les fraises en petits morceaux. Mélanger les fraises avec le sucre brun et le miel. Écraser avec une fourchette et ajouter les Flocons d'Avoine. Toppez avec du sirop d'Erable.

Valeurs Nutritionnelles pour 100g:

Carbohydrates 16.2g

Sucre 11 g

Protéines 17.1 g

Lipides Total 9.8g

Sodium 168 mg

Potassium 289mg

Calcium 5.1mg

Fer 1.41mg

Vitamines (Vitamine A; B-6; B-12; C; D; D2; D3; K; Riboflavin; Niacin; Thiamin; K)

Calories 118

48. Smoothie d'Avocat et Noisettes

Ingrédients:

1 avocat moyen

½ tasse de noisettes, moulues

3 blancs d'oeufs

2 cuillères de miel

2 tasses de lait écrémé

½ tasse de glaçons

Quelques feuilles de mentre fraîche

Préparation:

Couper les avocats en deux, retirer le noyau et les peler. Puis coupez-les en petits morceaux, mettez dans un blender, ajouter le lait, les blancs d'oeuf, les noisettes, le miel et les glaçons. Mélangez bien pendant 30-40 secondes.

Valeurs nutritionnelles par tasse:

Carbohydrates 8.1g

Sucre 6.4g

Protéines 21.7 g

Lipides Total 14.1g

Sodium 144 mg

Potassium 223mg

Calcium 4.81mg

Fer 2.21mg

Vitamines (Vitamine A; B-6; B-12; C; D; D2; D3; K; Riboflavin; Niacin; Thiamin; K)

Calories 87

49. Plaisir de Banane Crémeux

Ingrédients

1 verre de yaourt faible en gras

¼ tasse de lait écrémé

1 cuillère de farine de noix de coco

1 grande banane

3 blancs d'oeufs

2 cuillères de sucre brun

Préparation:

Faire ce smoothie en mélangeant banane, sucre, farine de noix de coco, blancs d'oeufs, yaourt et lait dans un mélangeur pendant 30-40 secondes.

Servir immédiatement!

Valeurs nutritionnelles par tasse:

Carbohydrates 7.2g

Sucre 6.1g

Protéines 26.2 g

Lipides Total 10.2g

Sodium 123 mg

Potassium 224mg

Calcium 3.9mg

Fer 2.17mg

Vitamines (Vitamine A; B-6; B-12; C; D; D2; D3; K; Riboflavin; Niacin; Thiamin; K)

Calories 85

50. Fraises et Yaourt de Chia

Ingrédients:

1 tasse de yaourt aux Fraises

½ tasse de Yaourt Grec

½ tasse de creme sans gras

3 Blancs d'oeuf

1 cuillère of strawberry extract

3 cuillère of brown Sucre

Préparation:

Combiner les ingrédients dans un mélangeur pendant 30-40 secondes jusqu'à ce que le mélange soit bien lisse. Laisser reposer au réfrigérateur pendant environ une heure avant de servir.

Valeurs nutritionnelles par tasse:

Carbohydrates 9.2g

Sucre 6.1g

Protéines 25.7 g

Lipides Total 9.2g

Sodium 134 mg

Potassium 226mg

Calcium 4.92mg

Fer 2.21mg

Vitamines (Vitamine A; B-6; B-12; C; D; D2; D3; K; Riboflavin; Niacin; Thiamin; K)

Calories 87

51. Oeufs à la coque avec du basilic haché

Ingrédients:

2 Oeufs

1 cuillère à café **de basilic haché**

Poivre

Préparation:

Mettre les oeufs à ébullition pendant 10 minutes. Peler et hacher en petits morceaux. Saupoudrer de basilic haché.

Valeurs nutritionnelles per 100 g:

Carbohydrates 1.1g

Sucre 0g

Protéines 13g

Lipides Total (good monounsaturated fat) 11g

Sodium 124mg

Potassium 126mg

Calcium 50mg

Fer 1.2mg

Vitamines (Vitamine A; B-6; B-12; C)

Calories 155

52. Shake de Fruits et légumes mélangés

Ingrédients:

1 tasse de fruits rouges mixtes, myrtilles, framboises, mûres et fraises

½ tasse de jeunes épinards hachés

2 tasses d'eau

Préparation:

Mélanger les ingrédients dans un mélangeur pendant quelques minutes.

Valeurs nutritionnelles pour 1 tasse:

Carbohydrates 9.2g

Sucre 6.15g

Protéines 8.75g

Lipides Total 0.87g

Sodium 54.8mg

Potassium 107.8mg

Calcium 82mg

Fer 2.03mg

Vitamines (Vitamine C total ascorbic acid; B-6; B-12; Folate-DFE; A-RAE; A-IU; E-alpha-tocopherol; D; D-D2+D3; K-phylloquinone; Thianin; Riboflavin; Niacin)

Calories 42.6

Autres Grands Titres par cet Auteur

www.ingramcontent.com/pod-product-compliance
Lightning Source LLC
Chambersburg PA
CBHW071741080526
44588CB00013B/2115